Dr Abel DE LA VOLPILIÈRE
ANCIEN EXTERNE DES HOPITAUX DE PARIS
ANCIEN INTERNE DE L'HOPITAL PÉAN

De la DÉGÉNÉRESCENCE ÉPITHÉLIALE SECONDAIRE de l'UTÉRUS CONSÉCUTIVE à l'ÉVOLUTION d'un KYSTE MUCOÏDE de l'OVAIRE.

PARIS
C. NAUD, ÉDITEUR
3, RUE RACINE, 3

1902

Dr Abel DE LA VOLPILIÈRE
ANCIEN EXTERNE DES HOPITAUX DE PARIS
ANCIEN INTERNE DE L'HOPITAL PÉAN

De la DÉGÉNÉRESCENCE ÉPITHÉLIALE SECONDAIRE de l'UTÉRUS CONSÉCUTIVE à l'ÉVOLUTION d'un KYSTE MUCOÏDE de l'OVAIRE.

PARIS
C. NAUD, ÉDITEUR
3, RUE RACINE, 3

1902

A LA MÉMOIRE DE MON PÈRE

A MA MÈRE

A MON FRÈRE

A MON ONCLE

M. LE Dr IMBERT-GOURBEYRE

ANCIEN PROFESSEUR DE L'ÉCOLE DE MÉDECINE DE CLERMONT-FERRAND

A MES PARENTS — A MES MAITRES — A MES AMIS

A MON PRÉSIDENT DE THÈSE

M. LE PROFESSEUR S. POZZI

PROFESSEUR DE CLINIQUE GYNÉCOLOGIQUE DE LA FACULTÉ DE PARIS
MEMBRE DE L'ACADÉMIE DE MÉDECINE
OFFICIER DE LA LÉGION D'HONNEUR

INTRODUCTION

L'ovaire peut devenir le siège de nombreux néoplasmes qui au point de vue histologique forment deux classes bien distinctes. Certaines de ces tumeurs sont constituées par une prolifération des tissus qui existent normalement dans l'organe : ce sont les fibromes, les sarcomes et les épithéliomas. D'autres sont formées par des éléments étrangers à l'organe, ce sont les kystes dermoïdes.

A côté de cette classification histologique des tumeurs ovariennes, il existe une division clinique qui consiste à décrire des tumeurs kystiques et des tumeurs solides.

Parmi ces différentes tumeurs, les unes sont enfin bénignes et n'ont pas de tendance à l'envahissement ; d'autres au contraire s'étendent aux organes voisins ou produisent des noyaux dégénérés en des points plus ou moins éloignés, ce sont des tumeurs malignes.

Nous nous proposons dans ce travail d'envisager non pas toutes les dégénérescences secondaires que peuvent produire les tumeurs ovariennes en général ; nous nous occuperons seulement des dégénérescences utérines consécutives à certains kystes de l'ovaire. Nous aurons donc exclusivement en vue les tumeurs décrites par Malassez sous le nom d'épithéliomas mucoïdes, appelées par Quénu cysto-épithéliomes et kystes prolifères par Pozzi.

Nous voulons surtout insister sur le rôle prépondérant joué par l'utérus dans le processus de dissémination cancéreuse au cours de l'évolution ou après l'ablation de certains kystes mucoïdes de l'ovaire. Dans trois cas observés à l'hôpital Péan dans le service de M. le Dr Delaunay, il nous a été permis de constater l'envahissement précoce de l'utérus à la suite de tumeurs kystiques de l'ovaire.

Ces trois cas nous ont paru intéressants car les trois fois l'utérus seul était envahi par le néoplasme, chez une malade un an après l'ovariotomie, chez les deux autres au moment même de l'intervention.

Après un rapide aperçu historique de ce qu'a été jusqu'à ce jour l'intervention dans le cas de tumeur kystique de l'ovaire et quelques considérations pathogéniques et anatomo-pathologiques, nous rechercherons les causes qui font que l'utérus est souvent envahi par le néoplasme. Nous étudierons ensuite les signes cliniques qui doivent faire diagnostiquer la malignité de la tumeur et dans un dernier chapitre nous exposerons les modifications opératoires qui dans ces derniers temps ont été proposées.

Avant de commencer ce travail, nous considérons comme un devoir de jeter un coup d'œil en arrière, et d'assurer de notre reconnaissance tous ceux qui ont été nos maîtres dans les hôpitaux.

A MM. les Prs agrégés MENETRIER et VAQUEZ, à M. le Dr KLIPPEL, à M. le Dr RECLUS, professeur agrégé, chirurgien de l'hôpital Laënnec, dont nous avons fréquenté les différents services, nous adressons l'expression de toute notre gratitude.

Nous avons eu l'honneur d'être l'externe de M. le Dr BRUN, professeur agrégé, chirurgien de l'hôpital des Enfants-Malades, et de M. le Dr BARIÉ, médecin de l'hôpital Laënnec, auxquels nous adressons tous nos remerciements pour la bienveillante sympathie qu'ils ont toujours voulu nous témoigner.

M. le Dr CHAMPETIER DE RIBES nous a reçu dans son service obstétricale de l'Hôtel-Dieu, nous tenons à lui en témoigner notre reconnaissance.

Nous remercions d'une façon toute particulière notre maître M. le Dr DELAUNAY, chirurgien de l'hôpital Péan, qui a inspiré ce travail. Pendant les deux années, durant lesquelles nous avons eu l'honneur d'être son interne, il ne nous a jamais ménagé l'appui d'une expérience acquise à haute école ; nous lui en resterons toujours reconnaissant.

MM. les Dr ROBIN-MASSÉ et TAPIÈ DE CEYLERAN ont bien voulu nous témoigner pendant tout le temps de notre internat de nombreuses preuves de leur sympathie, nous les en remercions de grand cœur.

Nous sommes reconnaissant à notre excellent ami le Dr LE FUR de l'amabilité avec laquelle il nous a permis de profiter des ressources de sa consultation des maladies des voies urinaires.

M. le Dr BESSON, chef de laboratoire à l'hôpital Péan,

a bien voulu se charger des examens microscopiques dont nous avons eu besoin dans ce travail et M. le Dr Ramonède nous a aimablement donné la traduction de plusieurs passages d'auteurs étrangers ; ils ont droit l'un et l'autre à nos meilleurs souvenirs.

M. le Pr S. Pozzi nous a fait l'honneur d'accepter la présidence de cette thèse. Nous l'assurons de toute notre gratitude.

CHAPITRE PREMIER

HISTORIQUE

Les kystes mucoïdes de l'ovaire sont de beaucoup les tumeurs les plus fréquentes de cet organe. Pendant longtemps la nature histologique de ces kystes resta inconnue et c'est là ce qui explique les confusions nombreuses qui furent faites. Le nom d'hydropisie de l'ovaire qui fut longtemps employé témoigne de peu de différence que l'on faisait entre la lésion kystique et le processus hydropique.

C'est avec ces connaissances que furent tentées les premières interventions pour tumeurs kystiques de l'ovaire. Mac Dowel (du Kentucky) pratique la première ovariotomie pour kyste de l'ovaire en 1807, il fut suivi dans cette voie par Nathan Smith (de New-Hawen, Connecticut), puis par Alban Smith. En 1871, Washington L. Atlée comptait déjà 246 interventions.

Lizars (d'Édimbourg) pratique la première ovariotomie en Angleterre en 1824. Vinrent après lui Granville (de Londres), Wahls, Clay, Bird, Baker, Brown et enfin Spencer Wells en 1858. Chrysman fait en Allemagne une première tentative en 1820.

En France, la première ovariotomie est due à Woyerskowsky, médecin à Quingey (Doubs) en 1844 puis l'opération fut condamnée par l'Académie de médecine, aussi nous faut-il aller jusqu'en 1862 pour trouver une nouvelle tentative faite par Nélaton. Enfin, en 1864, Kœberlé publie 9 guérisons sur 12 cas, et en 1868 Péan montre d'une façon éclatante ce que l'on peut attendre de l'ovariotomie. Depuis, le nombre des interventions s'est multiplié.

Si nous exceptons les travaux de Wilson Fox datant de 1864, il est à remarquer que l'ablation des kystes de l'ovaire était déjà une opération très répandue et parfaitement réglée avant que la nature épithéliale de ces tumeurs fût signalée. Aussi l'attention des chirurgiens ne se trouvait que peu attirée du côté des généralisations possibles. Il manquait aux observateurs d'alors cette notion de la tendance envahissante des néoplasmes épithéliaux, suivant certaines voies de propagation, que devait nous dévoiler plus tard les recherches anatomopathologiques. Les premiers ovariotomistes ont, en effet, peu insisté sur les dégénérescences secondaires qui accompagnaient les kystes de l'ovaire. Ils avaient bien observé des lésions viscérales proches ou éloignées lorsque l'envahissement avait rendu toute intervention impossible et le plus souvent c'est à l'autopsie que se constataient les disséminations néoplasiques. Lorsqu'une récidive venait à se produire on disait généralement que l'on avait affaire à un cancer inaperçu au moment de l'intervention mais la relation de cause à effet n'avait pas été signalée.

En 1828, Delpech, de Montpellier, avait bien eu l'idée d'une analogie entre le cancer et les kystes de l'ovaire mais les chirurgiens de l'école anglaise (Clay, Hutchinson, Spencer Wells) se soulevèrent contre cette façon de voir. Aussi trouvons-nous partout dans les auteurs de cette époque cette affirmation que les tumeurs kystiques de l'ovaire sont des tumeurs d'une absolue bénignité.

En 1874, le Pr Panas publia à la *Société de chirurgie* une observation qui leva tous les doutes sur la généralisation possible des kystes de l'ovaire. Poupinel, en 1886, réunit dans sa thèse 116 cas de tumeurs malignes consécutives à des kystes. Cohn, de Berlin, en publia 100 cas. La thèse de Hadjes, en 1889, apporta encore de nouveaux éléments, ainsi que la thèse de Debray en 1900.

Si la clinique a apporté de nombreux faits à l'histoire des généralisations des kystes de l'ovaire, on peut dire que l'histologie fit encore plus pour l'étude de cet important problème le jour où elle montra que ces kystes sont des tumeurs épithéliales.

En présence d'un épithélioma de l'ovaire il était tout indiqué de rechercher quelle était la fréquence de généralisation et la marche envahissante de la tumeur primitive.

L'histoire vraiment scientifique du kyste mucoïde de l'ovaire remonte aux remarquables travaux de Wilson Fox en Angleterre, de Klebs et de Waldeyer en Allemagne, puis en France aux recherches de Malassez, de de Sinéty et de Quénu.

CHAPITRE II

PATHOGÉNIE

C'est au XVIIe siècle, après les études de Vésale, Fabrice, de Hilden, Benivieni, que l'on commença à reconnaître l'existence des kystes de l'ovaire qui, jusqu'alors, avaient été confondus avec les hydropisies.

R. de Graaf, en 1672, parle le premier des hydropisies enkystées de l'ovaire (Th. Scharkopff, *De hydrope ovarii*, 1684).

En 1807, la théorie de Mœckel rallie tous les suffrages et les kystes de l'ovaire sont considérés commes des follicules de de Graaf très développés et Cazeaux, dans sa thèse d'agrégation, appelle ces follicules des « kystes en miniature ».

Cette même idée pathogénique se retrouve jusqu'en 1858, époque où avec Rökitansky, Cruveilher, Virchow, Paget, on commence à mettre en doute la simple dilatation folliculaire, au moins en ce qui concerne les formes les plus complexes. On songe alors à la possibilité d'une néoformation dont Delpech, de Montpellier, avait émis l'hypothèse.

Mais on ignorait quel était l'élément qui allait servir de point de départ à ce travail de néoformation.

Grâce au microscope, la question allait bientôt entrer dans une nouvelle période de recherches et, avec les travaux de Wilson Fox (1864), de Klebs et de Waldeyer (1870), de Malassez et de de Sinéty, puis de Quénu (1881), la pathogénie des kystes mucoïdes de l'ovaire entra dans une voie nouvelle.

Pour tous ces auteurs, le point de départ des kystes mucoïdes est l'épithélium germinatif de Waldeyer. Vers le 5e mois de la vie intra-utérine, l'épithélium germinatif pousse dans le stroma ovarien des cordons creux connus sous le nom de tubes de Pflüger. Pour les uns, W. Fox, Waldeyer, Malassez et de Sinéty, c'est dans ces invaginations épithéliales que la tumeur va prendre naissance, et elle sera ainsi congénitale. Pour Quénu, Steffk, Pozzi et Baussenat, c'est l'épithélium du follicule qui prolifère et qui est le point de départ de la tumeur.

Si les avis sont partagés en ce qui concerne l'origine congénitale du kyste mucoïde de l'ovaire, tous les auteurs sont d'accord pour admettre l'origine épithéliale de ces tumeurs. Pour les uns comme pour les autres, ces kystes sont une néoformation épithéliale ayant son origine soit dans les tubes de Pflüger, soit dans les follicules que ces tubes forment en se divisant.

Signalons encore l'idée émise par Landouzy et Galippe, qui voulurent reconnaître aux kystes de l'ovaire une origine microbienne. Cette opinion n'a pas été à nouveau contrôlée depuis 1887.

De cette lésion épithéliale, qui est le point de départ

de la tumeur, il est intéressant de rechercher comment on peut arriver à cette structure souvent si complexe de certains kystes mucoïdes.

L'idée généralement adoptée de nos jours avait été émise par Hodgkin, puis défendue par Wilson Fox et Waldeyer. Pour ces auteurs, partent de la cavité kystique primitive des tubes épithéliaux qui pénètrent dans la paroi. La lumière de ce tube vient-elle à s'obstruer, une nouvelle cavité kystique indépendante de la première se constitue.

Ce sont des cavités closes qui se forment ainsi. L'obstruction de la lumière du tube se ferait, d'après Waldeyer, grâce à la présence des débris épithéliaux qui se mêlent au contenu gélatineux sécrété dans le tube. Pour Fox, au contraire, la poche secondaire résulterait de la fusion d'un certain nombre de tubes épithéliaux.

Ces quelques notions nous semblent avoir une grande importance, car elles nous permettent de dire que les kystes très cloisonnés sont des tumeurs à épithélium qui prolifèrent et dont les tendances envahissantes sont plus grandes que dans les kystes à une seule loge. L'observation clinique confirme, d'ailleurs, parfaitement cette façon de voir.

C'est ainsi que l'on arrive à comprendre comment, à côté de cavités kystiques simples, on trouve ces masses cloisonnées à l'infini qui, au premier coup d'œil, semblent si différentes des premières.

Les végétations qui tapissent parfois toute la surface externe de certains kystes mucoïdes sont des productions de même nature et sont dues, elles aussi, à des invaginations tubulaires faites d'abord dans l'épaisseur de la paroi du kyste primitif.

Comme on le voit, le point de départ des kystes mucoïdes est une prolifération épithéliale et toute l'histoire de l'évolution de ces tumeurs est sous la dépendance de la vitalité et de la prolifération plus ou moins grande de l'épithélium.

CHAPITRE III

ANATOMIE PATHOLOGIQUE

Nous trouvons dans la thèse de Quénu un exposé très complet de l'anatomie pathologique des kystes mucoïdes de l'ovaire ou cysto-épithéliomes, nous ferons dans ce chapitre de nombreux emprunts à cet auteur.

Quénu a écrit une phrase qui est restée classique et qui donne de ces tumeurs une excellente description d'ensemble : « Une grande poche, de nombreux kystes entre le volume d'un pois et le volume d'une tête de fœtus à terme, une masse aréolaire, voilà les trois éléments communs à la plupart, sinon à toutes les observations de kystes multiloculaires. »

Ces kystes sont de volume très variable, mais on en a vu atteindre des dimensions colossales. Dans l'*American journal of obstetrics* de 1879, Rodenstein rapporte l'observation d'un kyste multiloculaire de l'ovaire dont le poids atteignait 146 livres. Baker Brown (*Lancet,* 1849) a retiré 93 pintes d'un kyste.

La tumeur a le plus souvent une forme ovoïde bosselée, sa surface semble bridée par des bandelettes multiples limitant des masses secondaires, parfois le kyste forme une tumeur régulière, ce qui n'implique d'ailleurs pas l'absence de cloisonnement interne. Sa couleur est blanc bleuâtre.

La surface externe peut être recouverte de végétations nombreuses d'un gris blanchâtre « rappelant les fongosités des tumeurs blanches». Dans d'autres cas ce sont des granulations vésiculeuses formant une substance semblable à « du frai de grenouille ». Ces fongosités externes peuvent être très abondantes et former presque toute la tumeur.

A l'intérieur ces kystes, qui au premier coup d'œil semblent tous différer d'aspect par la complexité de leur structure, peuvent cependant se ramener à un seul et même type. Presque invariablement on rencontre un grand kyste dans la paroi principale constitue la limite extrême de la tumeur. A l'intérieur de cette paroi un nombre très variable de kystes secondaires. Entre la poche principale et les poches secondaires la cloison n'est pas toujours une lame unique de substance, on rencontre souvent des cloisons multiples limitant des cavités très étroites et il n'est pas rare de voir ces nombreuses cloisons limitant des cavités devenues virtuelles composer en partie la tumeur. On a alors à faire à ce que Cruveilhier a appelé les kystes aréolaires dans lesquels le tissu à larges mailles est devenu l'élément prédominant.

Et ici se pose cette question : à savoir si les kystes uniloculaires ne sont pas des kystes multiloculaires dans lesquels la grande poche aurait absorbé les petits kystes primitivement contenus dans l'épaisseur de ses parois ? Dans les uns comme dans les autres on trouve la même structure mais avec des proportions différentes. Dans les uniloculaires les kystes secondaires sont ou détruits par rupture de leur paroi propre ou réduits à un minimum de volume qui les fait se perdre dans l'épaisseur de la grande poche.

Lebert admet parfaitement la rupture des poches secondaires dans la poche primitive. « La meilleure preuve, dit-il, que les grands kystes multiloculaires et prolifères peuvent se former par confluence, c'est que nous avons vu tous les degrés intermédiaires entre une cloison qui les délimitent encore nettement, une cloison percée d'un diaphragme dans son milieu, et enfin, ces éperons qui n'étaient plus que des rudiments de ces parois. »

Malassez et de Sinéty ont constaté que les cloisons incomplètes des kystes uniloculaires ont tous les caractères des tissus en voie d'atrophie. C'était en quelque sorte surprendre le processus qui d'un kyste multi fait un kyste uniloculaire.

Virchow et Waldeyer arrivent aux mêmes conclusions. Il ressort de ces différentes appréciations que les kystes uniloculaires ne sont que des kystes multiloculaires modifiés ; ils sont, pour employer l'expression de Quénu « une sorte d'état sénile » des cysto-épithéliomes.

D'ailleurs il est à remarquer que le processus inverse a été signalé et que si bon nombre de kystes multi deviennent uniloculaires, on a observé des kystes uni qui devenaient multiloculaires. Au lieu de l'atrophie c'est une nouvelle vitalité qui a présidé ici aux modifications de la tumeur.

Structure des parois.

Dubreuil de Montpellier décrit le premier la structure des parois des kystes de l'ovaire. Il compte quatre feuillets : une séreuse — une fibreuse — une musculaire et une tunique interne de nature particulière. Cazeaux reproduit la même division. Pour Cruveilher il n'y a pas de tunique musculaire. C'est enfin à Lebert que l'on doit la découverte de l'épithélium qui tapisse la surface interne de ces kystes.

En 1864 Wilson Fox publie ses remarquables travaux sur la structure des parois kystiques. Pour cet auteur il existe deux tuniques : une externe épaisse et dense contenant les vaisseaux, une seconde interne qui est un épithélium.

Wilson Fox divise en deux tuniques secondaires ce qu'il appelle tunique externe. Une périphérique (external wall) qui est épaisse et pauvre en éléments cellulaires; l'autre (internal wall) qui est riche en cellules et en vaisseaux. — Les artères ont une disposition hélicine, les veines sont remarquables par leur grosseur. Malassez et de Sinéty ont décrit dans cette même tunique un système de lymphatique qui s'anastomose avec de nombreux espaces réticulés qui abondent surtout au voisinage du pédicule.

C'est sur cette tunique que repose l'épithélium qui tapisse la cavité du néoplasme. Waldeyer a décrit cet épithélium cylindrique. Rindfleisch l'a trouvé stratifié.

Eichwald l'a vu pavimenteux ; il a été observé à cils vibratils par Luschka, Virchow et Malassez.

Quénu explique ces différences d'appréciations par suite de la fréquente déformation cellulaire qui bouleverse la structure de cette tunique épithéliale. Pour lui, cet épithélium est le plus souvent composé de cellules prismatiques, mais l'hypertrophie ou la superposition de cellules en modifie l'aspect.

Cet épithélium envoie dans l'épaisseur de la paroi sous-jacente de nombreux tubes épithéliaux renflés à leur extrémité ou ramifiés que Wilson Fox avait comparés aux glandes de Lieberkühn. Ces prolongements épithéliaux sont absolument comparables aux végétations qui remplissent certaines cavités kystiques ; dans les deux cas on a affaire au même processus évoluant ou vers le centre ou vers la périphérie de la tumeur.

Le contenu des kystes mucoïdes est très variable. Certains contiennent peu de liquide, les poches en sont presque totalement remplies par des végétations ou des cloisons. D'autres contiennent un liquide très variable d'aspect que l'on a comparé à un liquide oléagineux, à du blanc d'œuf, à du miel, de la glu ou de la gelée.

La quantité de ce liquide qui est proportionnée au volume de la tumeur est souvent très considérable et se reproduit très rapidement après la ponction.

L'épitaphe de Mary Page, dans le cimetière de Bunhill field, citée par Peaslee, est restée célèbre : « En 67 mois elle a été ponctionnée 66 fois et a rendu 240 gallons d'eau sans jamais murmurer contre son sort ni redouter l'opération. »

On rencontre dans ce liquide de nombreux éléments figurés, le plus souvent dégénérés. Ce sont des hématies, des leucocytes, des granulations réfringentes du pigment, des cellules géantes multinucléées.

Landouzy et Galippe y ont trouvé des microcoques et des bactéries.

Ce liquide contient une grande quantité d'eau ainsi que des substances protéiques, des sels, de la graisse, plus rarement du sucre et de l'urée. La paralbumine qui donne au liquide sa consistance se trouve dans tous les kystes de l'ovaire.

CHAPITRE IV

DES RAPPORTS DE L'UTÉRUS ET DU KYSTE DE L'OVAIRE

Il ressort de ces considérations pathogéniques et anatomo-pathologiques que les kystes mucoïdes uni et multiloculaires de l'ovaire sont des tumeurs de nature épithéliale. En présence de ces néoformations il y a donc à redouter l'envahissement des autres organes soit par extension de la tumeur primitive, soit par dissémination éloignée, suivant la voie lymphatique. En un mot, les kystes mucoïdes de l'ovaire sont histologiquement des tumeurs susceptibles de devenir malignes.

Il est vrai que la clinique s'est montrée moins sévère en ce qui concerne le pronostic des généralisations ou des récidives après l'ablation des kystes ovariques. Au milieu du siècle dernier l'opinion émise par les chirurgiens de l'école anglaise était généralement acceptée et les kystes de l'ovaire étaient considérés comme des tumeurs d'une « bénignité absolue ».

Nous trouvons encore dans le *Traité de chirurgie* publié sous la direction de MM. Duplay et Reclus la phrase suivante : « Les kystes de l'ovaire sont dans la majorité des cas des tumeurs de nature bénigne et la guérison que donne leur ablation est définitive. »

Il est certain qu'en présence des récidives presque constantes des autres épithéliomas, récidives qui se font malgré la hardiesse des interventions et bien souvent malgré leur précocité, on peut qualifier de bénigne une tumeur qui peut rester longtemps localisée comme l'épithélioma de l'ovaire. On peut dire, en effet, que de tous les épithéliomas envisagés au point de vue de leur malignité, le kyste de l'ovaire vient souvent en dernière ligne. Il est, dans bien des cas, le plus longtemps supporté et souvent le plus lent à donner naissance à de nouvelles productions épithéliales.

Il ne faudrait pas en conclure que l'on a affaire à des tumeurs incapables de devenir envahissantes, et encore moins que la guérison que donne leur ablation est toujours définitive.

La littérature médicale est riche aujourd'hui en observations nous montrant l'autre ovaire, le péritoine, le mésentère, l'intestin, envahis, après l'ablation du kyste. Les plèvres et les poumons peuvent devenir le siège de greffes épithéliales et Poupinel en rapporte dans sa thèse de nombreux exemples. Mais l'utérus nous semble particulièrement menacé et par sa proximité du kyste et par ses lymphatiques qui communiquent, grâce à un large réseau avec la tumeur ovarienne.

Cependant les auteurs qui ont écrit sur les généralisations des kystes mucoïdes de l'ovaire ne rapportent qu'un nombre relativement restreint de dégénérescences secondaires de l'utérus. Et dans les traités classiques de pathologie chirurgicale nous retrouvons cette phrase : « La dégénérescence épithéliale secondaire de l'utérus est rare. »

Nous nous sommes demandés si cette prétendue immunité d'un organe qui est un si excellent terrain de culture pour les épithéliomas primitifs n'était pas un peu exagérée. Bien souvent, il est vrai, au moment de l'ovariotomie l'utérus a pu paraître sain et quelques mois plus tard la dégénérescence du péritoine ou de l'intestin ont pu masquer et faire méconnaître le point de départ de la récidive. Le cancer du corps utérin arrive d'ailleurs à un état d'évolution assez avancée, sans se manifester par de grands symptômes, tandis que les tumeurs épithéliales de l'intestin ou du péritoine attirent bien plus rapidement l'attention du chirurgien. C'est là, croyons-nous, une des raisons qui ont fait méconnaître trop souvent la lésion utérine.

De plus, il faut tenir compte de ce fait clinique que bien souvent, à la suite d'une intervention pour un néoplasme, la prolifération épithéliale dans les organes déjà infectés et non enlevés semble retrouver une vigueur nouvelle, une puissance d'extension plus grande. Et c'est ainsi que l'on peut concevoir comment le stade parfois très court de dégénérescence utérine seule a pu passer inaperçu.

Et cependant si réellement l'utérus est souvent un chaînon important et surtout le premier chaînon de l'envahissement épithélial de la cavité abdominale au cours d'une lésion maligne de l'ovaire, il y a un intérêt capital à le savoir et à intervenir alors que seul encore cet organe est touché. On enlève un utérus avec peu de risques pour la malade surtout au cours d'une laparotomie pour kyste de l'ovaire, mais on reste impuissant trop souvent en présence d'un cancer du péritoine ou de l'intestin.

Au point de vue anatomo-pathologique deux raisons nous font dire que l'utérus est un organe très menacé par l'envahissement épithélial au cours de l'évolution d'un kyste mucoïde de l'ovaire : ce sont les rapports de la tumeur et de l'utérus et en second lieu les relations lymphatiques.

Le kyste de l'ovaire est au début une tumeur latérale mais qui ne tarde pas, par suite de son accroissement, à se rapprocher de la ligne médiane. A ce moment elle vient le plus souvent tomber en arrière de l'utérus entre cet organe et le rectum dans le cul-de-sac postérieur qui semble être le lieu d'élection de toutes les tumeurs annexielles un peu mobiles. Mais bientôt la tumeur augmentant toujours quitte le petit bassin et elle vient coiffer le corps utérin sur lequel elle repose. Il s'agit, bien entendu, des kystes pédiculés non bridés par le ligament large.

Dans la station debout la tumeur est en quelque sorte portée par l'utérus. Aussi est-il fréquent de voir des adhérences se former par suite de ce contact prolongé entre la tumeur et le corps utérin.

Nous avons vu dans le chapitre de la pathogénie des kystes mucoïdes de l'ovaire comment les tubes épithéliaux traversent la poche kystique dans laquelle ils se sont primitivement invaginés pour envahir les tissus voisins.

Si une invagination se fait au niveau des adhérences utéro-kystiques le tube épithélial arrive dans l'épaisseur du muscle utérin et la greffe néoplasique est ainsi constituée. Nous rapportons une observation dans laquelle cette marche de l'envahissement épithélial est des plus nettes et c'est pour cela que nous en avons fait reproduire une figure demi-schématique dans ce travail.

Le danger de la propagation par voie lymphatique nous semble encore bien plus à redouter.

Après avoir constaté que les tumeurs épithéliales peuvent donner naissance à des tumeurs secondaires de même nature, il restait à savoir suivant quelles voies se faisaient ces greffes.

La présence d'adénopathies souvent éloignées au cours de la dégénérescence épithéliale d'un organe attira l'attention sur le rôle joué par le système lymphatique dans cette dissémination. L'envahissement ganglionnaire ne se fait point au hasard, les ganglions qui communiquent avec les lymphatiques de la région malade sont atteints les premiers.

C'était là surprendre le mode de propagation des tumeurs épithéliales par voie lymphatique.

Les lymphatiques de l'ovaire prennent naissance autour des follicules, d'où ils se dirigent vers le hile de l'organe. Là ils s'anastomosent avec les vaisseaux de la trompe. Le paquet lymphatique tubo-ovarien ainsi formé constitue avec le réseau lymphatique utérin un système indivisible dont la solidarité a été bien établie par les recherches de Poirier. Ce fait anatomique explique la généralisation des infections et la dissémination des tumeurs épithéliales dans tout le système génital de la femme.

Poirier décrit deux réseaux lymphatiques utérins : l'un inférieur ou juxta-cervical, l'autre supérieur ou tubo-ovarien. Mais il est à remarquer que ces deux réseaux sont richement anastomosés et en réalité l'utérus est uniformément enserré dans une trame lymphatique continue. Aussi la division anatomique correspond moins à des zones utérines distinctes qu'à une différence d'orientation de troncs ainsi constitués dont les uns se rendent aux ganglions pelviens, tandis que les autres vont aux ganglions hypogastriques.

Ce fait explique comment le col a pu devenir le siège d'une dégénérescence épithéliale secondaire à une tumeur ovarienne de même nature. Toutefois le corps sera plus souvent le siège d'une manifestation néoplasique secondaire.

Il existe une autre voie lymphatique qui partant de l'ovaire peut amener la dissémination du processus épithélial. Les ganglions lombaires peuvent être envahis et de là les greffes peuvent se faire du côté de la région thoracique ou vers les viscères abdominaux. Toutefois ce mode d'envahissement nous a paru très rare comparé à l'envahissement du côté de l'utérus. Poupinel, sur les 116 cas de dégénérescences secondaires qu'il rapporte, ne trouve que 4 fois les ganglions rétro-péritonéaux envahis.

Notre but n'est d'ailleurs pas de montrer que l'utérus est toujours le seul organe touché par la dégénérescence épithéliale à la suite d'un kyste malin de l'ovaire ;

nous voulons seulement dire que cet organe est souvent le premier atteint et qu'il est alors le point de départ de lésions plus étendues.

Bien qu'étant tous de même nature, tous les kystes mucoïdes n'ont pas la même tendance à se généraliser. Il est certain que le kyste uniloculaire non végétant, à contenu purement liquide, ne doit pas entraîner les mêmes réserves de pronostic que le kyste multiloculaire. Aussi dans le chapitre suivant avons-nous eu pour but de retracer les grandes lignes cliniques auxquelles on pourra tout au moins supposer la malignité d'un kyste mucoïde.

CHAPITRE V

ÉTUDE CLINIQUE
DE LA MALIGNITÉ DES KYSTES MUCOIDES DE L'OVAIRE

L'anatomie pathologique nous a montré que les kystes mucoïdes de l'ovaire sont des tumeurs toujours épithéliales et par conséquent des tumeurs histologiquement susceptibles de devenir malignes. La clinique au contraire nous apprend que la plupart de ces kystes se comportent comme des tumeurs bénignes qui ne se généralisent pas ou se généralisent tardivement et dont l'ablation amène souvent une guérison définitive. Le dernier mot doit certainement rester à la clinique, aussi nous sommes-nous efforcés de rechercher les modifications qui dans l'évolution et dans l'aspect de la tumeur au cours de l'intervention peuvent donner des renseignements sur la malignité du kyste.

Dans l'évolution de la tumeur kystique il y a deux choses qui doivent faire penser à la possibilité d'une tumeur maligne. Ce sera d'abord le développement rapide de la tumeur qui atteint bientôt un énorme volume. Il y a en second lieu l'état général de la malade, amaigrissement rapide et teint cachectique qui rappellent plutôt le facies néoplasique que le facies ovarien. Ces deux faits sont l'indice d'une poussée épithéliale très active qui doit assombrir beaucoup le pronostic.

Mais les choses ne se passent pas toujours ainsi, souvent la tumeur existe depuis longtemps, elle est peu volumineuse, bien tolérée par la malade ; elle semble se trouver dans une période d'accalmie. Mais sans causes apparentes la tumeur augmente de volume dans un temps relativement court. Des phénomènes de compression apparaissent, le kyste entre dans une nouvelle période de prolifération et il redevient cliniquement tumeur maligne.

L'œdème précoce des jambes surtout avec une tumeur de petit volume ainsi que l'ascite qui est survenue sans douleur doivent aussi faire réserver le pronostic.

Il nous semble donc possible avant toute intervention d'avoir au moins des préventions sur la malignité de la tumeur. Au cours de l'opération on pourra encore recueillir de précieux renseignements.

Aussitôt après l'ouverture du péritoine on trouve parfois un peu de liquide rougeâtre qui a pu passer inaperçu à la palpation. On tombe enfin sur la tumeur dont l'aspect a la plus haute importance. Le kyste se montre tantôt franchement multiloculaire ; des brides superficielles limitent un certain nombre de lobes accolés donnant à la tumeur une forme irrégulière. Tantôt la surface externe est recouverte de nombreuses végétations papillaires sous lesquelles la tumeur principale disparaît. Ce sont là deux bons signes d'une prolifération épithéliale très intense qui plaident l'un et l'autre en faveur de la malignité de la tumeur.

Bien souvent il arrive que le trocart qui est introduit dans la poche ne laisse pas écouler une goutte de liquide. Dans une de nos observations le fait s'est produit et c'est avec la main qu'il a fallu vider les nombreuses poches remplies d'une gélatine jaunâtre ou rosée. Le kyste qui dans ce cas n'était pas végétant était d'ailleurs très cloisonné et l'examen histologique de l'utérus nous a montré d'une façon manifeste que cet organe était en dégénérescence épithéliale. Il s'agissait donc bien d'une tumeur maligne.

A l'intérieur du kyste on rencontre aussi des végétations absolument semblables comme aspect aux végétations papillaires décrites sur la face externe. C'est encore là un signe de la prolifération épithéliale.

En résumé les kystes mucoïdes multiloculaires à développement rapide ou végétants et à contenu gélatineux nous paraissant doués d'une plus grande vitalité. C'est donc dans ces cas qu'il faudra redouter l'envahissement des organes voisins et en particulier de l'utérus et qu'il faudra craindre une récidive après l'intervention.

CHAPITRE VI

OBSERVATIONS

Nous avons recherché dans la littérature médicale un certain nombre d'observations dans lesquelles un cancer utérin a existé en même temps qu'un kyste mucoïde de l'ovaire ou s'est produit après l'ovariotomie. Nous avons tenu, par là, à montrer que la dégénérescence épithéliale secondaire de l'utérus au cours de l'évolution ou après l'ablation de certains kystes mucoïdes, n'est pas une rareté comme on a semblé le dire.

Dans ces différentes observations l'utérus a toujours été seul envahi ou manifestement le premier organe envahi.

Cinq fois la lésion de l'utérus a été constatée au cours de l'ovariotomie ; dans aucun cas l'hystérectomie n'a été pratiquée.

Chez les autres malades la mort a été produite par le cancer utérin. Enfin dans deux cas l'épithélioma secondaire siégeait sur le col.

Observation I

Bauchet. — *Bull. Soc. anat.*, 1853.

Ovaires kystiques. Kystes des trompes. Cancer du col de l'utérus. L'utérus a pris un volume quinze fois plus considérable que ses dimensions naturelles ; sa cavité est remplie de putrilage et de liquide sanieux. L'ovaire a le volume d'un œuf de poule ; il est formé de bosselures, les unes mollasses et blanches, les autres fluctuantes. Les premières sont du tissu encéphaloïde, les autres des kystes communiquant entre eux. En outre, petites tumeurs disséminées dans le mésentère, le long de la colonne vertébrale, du rectum et jusqu'au milieu du médiastin postérieur.

Observation II

Knowsley Thornton. — Note lue en janvier 1887. *Royal med. Soc. of London.*

Femme de 38 ans, célibataire. Incision exploratrice en octobre 1877. Tumeur maligne comprenant les deux ovaires et l'utérus. Ouverture de plusieurs kystes et évacuation de trois pintes de liquide. Guérit de l'opération et mourut chez elle cinq mois plus tard.

Observation III

Hénocque. — *Bull. Soc. anat.*, 1865, p. 25.

Cancer colloïde des deux ovaires avec quelques kystes remplis d'un liquide sanguinolent et noirâtre. Envahissement de la partie voisine de la surface de l'utérus, tandis que la plus grande partie du corps, le col et la muqueuse utérine restaient sains. Plus tard, extension au péritoine, à la plèvre et à la base du poumon.

Observation IV

Panas. — *Bull. Soc. chirurgie*, 1874, p. 324.

Femme, 54 ans. Kyste multiloculaire avec masses solides dans la fosse iliaque et cancer du col utérin. Début il y a 6 ou 8 mois. Dernier degré du marasme en 16-18 mois.

Observation V

Spencer Wells. — Édit. 1882. Ovariotomies complètes. N° 330 du Tableau statistique de Spencer Wells.

Ovariotomie en août 1869. Femme de 36 ans, mariée, guérie, morte en mars 1871 de cancer utérin.

Observation VI

Spencer Wells. — *Loc. cit.*, n° 696.

Femme mariée. Ovariotomie en avril 1875. Guérison. Enfant mort-né en avril 1876 ; morte de cancer utérin en décembre 1877.

Observation VII

Spencer Wells. — *Loc. cit.*, n° 977.

Femme de 54 ans, mariée. Ovariotomie en janvier 1880. Guérison. Morte en août 1880 de cancer utérin.

Observation VIII

Lawson Tait. — Traité des maladies des ovaires, éd. française, p. 178.

Kyste enlevé chez une femme croyant enlever un ovaire dans un cas d'hémorragie grave due à un myome utérin. La malade guérit et l'opération eut pendant plusieurs mois un résultat très heureux ; mais environ six mois après elle mourut d'un cancer utérin.

Observation IX

Péan. — N° 562. Tableau statistique de Péan à Saint-Louis.

Ovariotomie du 16 juillet 1884. Cancer kystique de l'ovaire et de l'utérus. Ascite. Malade a eu 4 enfants. Cachexie avancée. Début il y a 10 mois. Adhérences molles, peu vasculaires. Récidive 4 mois après. Ponction. Mort.

Observation X

Duret. — In *Journ. des Sc. méd. de Lille,* 1887, p. 217.

Femme de 60 ans, ménagère, entre dans le service de M. le Pr Duret le 9 juin 1886. Pas d'enfants. Règles irrégulières. Ménopause à 50 ans.

Début il y a 4 ans de tumeur abdominale.

Opération le 19 juin. Ascite. Tumeur volume tête d'adulte au dépens de l'ovaire gauche. Ablation. Mort.

A l'autopsie, on trouve sur l'utérus trois ou quatre masses ovoïdes du volume d'une châtaigne, ressemblant à des ganglions hypertrophiés.

Nous avons tenu à rapprocher les deux observations suivantes dont l'une publiée dans la thèse de Hadjes provient du service de M. le Pr Terrier et dont l'autre, inédite, a été recueillie dans le service de M. Delaunay, à l'hôpital Péan.

Chez ces deux malades on avait enlevé une tumeur kystique unilatérale de l'ovaire. Ces deux tumeurs étaient multiloculaires, dans les deux cas il y avait de l'ascite. Chez les deux malades on fait une ovariotomie sans toucher à l'utérus, elles quittent l'hôpital toutes les deux avec les apparences d'une guérison parfaite.

La malade de M. Terrier fait plus tard un épithélioma du col utérin qui nécessite une hystérectomie vaginale, la malade de M. Delaunay revient à l'hôpital un an après son ovariotomie pour un épithélioma du corps de l'utérus. On pratique l'hystérectomie vaginale ; depuis cette époque la malade va bien. Dans les deux cas, la nature épithéliale de la tumeur a été constatée histologiquement.

Il est difficile, croyons-nous, de ne voir dans ces deux cas qu'une simple coïncidence de cancer utérin succédant sans relations aucunes à des tumeurs épithéliales de l'ovaire.

Observation XI

Service de M. Terrier, hôpital de la Salpêtrière. — *Thèse* de Hadjès, observation XVII, p. 29.

Kyste multiloculaire de l'ovaire gauche. Ovariotomie. Guérison. Généralisation au col utérin. Hystérectomie vaginale. Guérison. (Obs. I des séries d'ovariot. et XI des séries d'hystérectomie vaginale de M. Terrier.)

Mme Autheaume, âgée de 40 à 50 ans. Deux enfants. Ses menstrues ont toujours été régulières jusqu'à peu de temps avant l'intervention chirurgicale. Elle présente comme seul symptôme une distension exagérée de l'abdomen. Pas de douleur. A été ponctionnée 9 fois.

Ovariotomie, M. Terrier, le 1er juillet 1882, à la Salpêtrière. Kyste multiloculaire développé au dépens de l'ovaire gauche et ayant des adhérences avec la paroi abdominale antérieure et la trompe du côté opposé. Pédicule lié et réduit. Lister complet. Poids brut du kyste : 18 kilogrammes de liquide pour 750 grammes de matières solides.

Guérison rapide. Les règles reviennent après l'opération et sont régulières. L'opérée prend de l'embonpoint. Va très bien à la fin de 1883.

En 1887, la malade se présente à Bichat dans le service de M. Terrier, avec un cancer du col de l'utérus.

Hystérectomie vaginale le 26 janvier.

Examen histologique : néoplasme, épithélioma pavimenteux lobulé. Guérison.

Observation XII (Personnelle inédite)

Service de M. Delaunay, à l'hôpital Péan.

Gros kyste multiloculaire de l'ovaire droit avec ascite. Un an après, épithélioma du corps de l'utérus.

Mme B..., 39 ans, ménagère.

A. H. — Père bien portant.

Mère morte de couches.

A. P. — Réglée à 14 ans, mariée à 23 ans. Premier accouchement à 24 ans, un second à 34.

Bonne santé habituelle. Pas de maladies graves. Après son second accouchement, il y a 5 ans, la malade a eu des pertes blanches, elle perdit ensuite un peu de sang, puis eut des ménorrhagies assez abondantes.

En septembre et en octobre dernier, elle eut au moment de ses règles des pertes plus abondantes encore que de coutume. Vers la même époque s'installent des douleurs abdominales sous forme d'élancements et de pesanteurs constantes. Elle souffrait surtout dans la position debout et pendant la marche.

Un médecin consulté porta le diagnostic de salpingite, ordonna le repos et fit des injections intra-utérines avec de la teinture d'iode. Alors les ménorrhagies cessèrent. En novembre, les règles furent très peu abondantes. En décembre à peine marquées et depuis il n'y a pas eu la moindre perte de sang, mais seulement des pertes blanches abondantes sans odeur.

Les douleurs existent toujours, elles sont augmentées par le mouvement.

Depuis le mois de novembre, la malade a remarqué que son ventre augmentait progressivement de volume ; de plus, elle a des vomissements bilieux et alimentaires qui reviennent tous les jours ou tous les deux jours. Elle a souvent du pyrosis. Un peu de constipation habituelle.

A l'examen, le ventre est développé comme celui d'une femme enceinte de 8 mois. L'ombilic est déplissé. Circulation collatérale très marquée dans les flancs des deux côtés. Au-dessous de l'épigastre, on trouve trois ou quatre petites taches de ptyriasis versicolor. Œdème marqué de tout l'abdomen.

La plus grande partie de l'abdomen est météorisée. On trouve seulement de la matité absolue s'étendant de la symphyse pubienne jusqu'à 20 centimètres au-dessus, c'est-à-dire à 5 centimètres au-dessous de l'ombilic. Transversalement cette matité s'étend à gauche d'un point situé à 12 centimètres de la ligne médiane et elle va à droite jusqu'à l'épine iliaque antéro-supérieure et remonte jusqu'à 7 centimètres au-dessus. A gauche, la courbe de délimitation est régulièrement convexe ; à droite, elle est plus irrégulière.

La palpation est un peu douloureuse. On trouve dans la fosse iliaque droite une tumeur dont les limites avaient été trouvées par la percussion. En se rapprochant de la ligne médiane, on perçoit plus nettement encore le contact de la tumeur.

Partout ailleurs la paroi abdominale est tendue, il n'y a pas de fluctuation sensible.

Au toucher vaginal, on trouve un col dur, court, légèrement entr'ouvert. En avant et en arrière, dans les deux culs-de-sac, on sent une tumeur qui semble se continuer avec le col, mais plus molle que lui.

En déprimant la tumeur avec la main abdominale, on perçoit nettement la fluctuation qui est perceptible sur les deux masses qui bombent dans les culs-de-sac antérieur et postérieur. Quant au col lui-même, il reste immobile pendant cette manœuvre.

L'état général de la malade est relativement satisfaisant.

Le pouls est à 120 ; la température 37°,5.

Il y a deux jours elle a eu des vomissements et la température est montée à 39°,5.

Rien au cœur ; rien aux poumons. Ni albumine, ni sucre.

Opération le 11 *janvier* 1900.

Laparotomie médiane ; grande incision. Il s'écoule environ trois litres d'un liquide citrin.

On tombe sur une vaste poche multiloculaire à parois d'épaisseur très variable. Étant donné le volume de la tumeur on ne peut pas l'énucléer en masse. On ponctionne donc diverses poches d'où s'écoule du liquide vert, rougeâtre ou d'aspect purulent. La tumeur est ensuite enlevée ; le pédicule est lié à la soie. Quelques adhérences ont été déchirées dans le cul-de-sac postérieur.

On s'assure de l'hémostase du pédicule, puis on constate l'intégrité des annexes gauches et enfin de l'utérus.

La paroi abdominale est refermée à la partie inférieure de l'incision, on laisse une mèche stérilisée qui draine le cul-de-sac postérieur et le pourtour du pédicule.

La tumeur enlevée est plus grosse qu'une tête d'adulte ; elle est formée de plusieurs poches contenant toutes du liquide de couleur variable. Les parois très vasculaires sont blanchâtres, très minces à certains endroits, épaisses d'un centimètre en certains autres. Elle sont partout très friables.

Suites opératoires :

Le 11 *janvier* à 6 heures du soir. T. 37°. P. 120.

Le 12 *janvier*. — Facies bon. Ventre un peu douloureux. Dans la matinée deux vomissements bilieux.

T. 37°,5. P. 110.

Le 13 *janvier*. — T. 37°. P. 110.

La malade a passé une bonne nuit.

L'état général est très bon. On retire la mèche de drainage, il s'écoule environ un demi-verre de liquide.

Le 14 *janvier*. — État général excellent. T. 36°,6. P. 100.

On augmente un peu l'alimentation.

Le bon état général continue pendant les jours suivants.

Le 24 *janvier*. — On retire les fils de suture.

Le 9 *février*. — On permet à la malade de s'asseoir sur son lit. Elle se lève le 14 et quitte l'hôpital le 18 février.

La malade revient à l'hôpital Péan le 5 février 1901. Elle a quitté l'hôpital il y a un an. Ses règles sont revenues le 26 avril peu abondantes mais pas douloureuses. Quelques troubles leucorrhéiques. Elle va bien jusqu'en septembre. A cette époque elle éprouve une sensation de pesanteur dans le bas-ventre avec des douleurs plus intenses pendant les périodes menstruelles.

Jusqu'au mois d'octobre les règles sont plus abondantes. En novembre et décembre plus de règles, mais la malade a continuellement un écoulement jaunâtre d'odeur désagréable. On constate alors la présence d'une tumeur utérine qui nécessite une intervention.

Bon état général. Rien au cœur ; rien aux poumons. Ni albumine, ni sucre.

Au toucher, on sent dans le cul-de-sac antérieur une tumeur de la grosseur d'un poing, dure, bosselée, peu douloureuse, mobile et remontant à quatre travers de doigt au-dessus du pubis.

Le col est gros, dur et entr'ouvert. On porte le diagnostic de épithélioma au fond de l'utérus.

Opération le 12 *février* (M. Delaunay).

Hystérectomie vaginale. Ablation des annexes gauches.

Le col qui n'est pas dégénéré offre une prise solide qui rend l'intervention relativement facile. A mesure que le morcellement se rapproche du fond utérin on trouve des tissus de plus en plus friables. On enlève cependant tout l'organe. Les ligaments larges ne sont pas envahis.

Hémostase et pansement.

Après 48 heures on enlève les pinces.

Les suites opératoires sont excellentes. Pas de vomissements, pas de température.

La malade quitte l'hôpital le 12 mars, un mois après l'opération.

Examen microscopique.

Les pièces ont été remises au laboratoire de M. le Dr Besson.

Au niveau de la corne utérine droite il existe une masse végétante à implantation large, atteignant le volume d'une petite cerise.

Les coupes pratiquées à ce niveau et perpendiculairement à la paroi de l'utérus permettent de constater les particularités suivantes :

L'épithélium de revêtement a disparu ; la couche superficielle est constituée par un tissu embryonnaire très pauvre en stroma, formé de nombreuses cellules rondes à gros noyau ovoïde, serrées les unes contre les autres. Ce tissu est riche en vaisseaux et en espaces lymphatiques, il présente l'aspect du sarcome globocellulaire mais il renferme de très nombreux tubes glandulaires sur lesquels nous aurons à revenir.

Quand on s'éloigne de la surface interne, le stroma fibreux devient plus abondant, particulièrement au pourtour des tubes glandulaires ; des cellules fusiformes apparaissent entre les fibres musculaires, le tissu conjonctif est manifestement hypertrophié et infiltré d'éléments cellulaires abondants.

Les tubes glandulaires sont très nombreux ; leurs dimensions et leur aspect sont très variables, la prolifération glandulaire est évidente.

On observe des tubes arrondis ou ovoïdes ayant conservé leur aspect normal et leur épithélium cylindrique. A côté on voit d'autres tubes, présentant de plus grandes dimensions, contournés, anfractueux. Quelques-uns ont conservé leur épithélium cylindrique normal mais le plus grand nombre montrent des altérations caractéristiques : les cellules épithéliales forment plusieurs couches. Çà et là la paroi du tube a proliféré donnant lieu à un soulèvement papillaire au niveau duquel existent plusieurs couches de cellules. A la base ces cellules ont conservé leur forme cylindrique à la surface, du côté de la lumière du tube, elles sont pavimenteuses et plus ou moins aplaties.

Dans quelques tubes la prolifération cellulaire a envahi toute la lumière et on a l'aspect d'un bourgeon épithélial.

De rares tubes glandulaires sont divisés en deux segments par un bourgeon passant d'une paroi à l'autre. Une préparation montre deux tubes réunis ensemble par un bourgeon épithélial qui relie leur périphérie.

En résumé : prolifération et évolution atypique de l'épithélium glandulaire et infiltration de la muqueuse par un tissu embryonnaire à cellules arrondies ; la lésion se rapproche du type décrit par Klebs sous le nom de carcino-sarcome.

L'interne de M. le Pr Pozzi, M. X. Bender, a bien voulu nous communiqûer une observation très intéressante publiée dans le *Bulletin de la Société anatomique*, nous l'en remercions.

La malade en question a d'abord subi une ovariotomie double et trois mois plus tard on fit l'hystérectomie. La muqueuse utérine seule était en dégénérescence épithéliale. Nous signalons l'intérêt de l'hypothèse émise par MM. Heitz et Bender au sujet de la marche du processus néoplasique. C'est là un mode de propagation que nous n'avons pas rencontré, mais qui vient parfaitement à l'appui de notre thèse.

Observation XII

MM. J. Heitz et X. Bender, internes des hôpitaux. — *Bull. Soc. Anat.*, p. 50, novembre 1900.

Cysto-épithéliome des deux ovaires. — Propagation à l'épiploon. — Greffe secondaire sur la muqueuse utérine.

« Nous avons pu étudier ce cas sur une malade opérée pour « la première fois le 18 juillet 1900, par notre maître M. Michaux « et réopérée le 14 octobre suivant.

« La malade, qui se plaignait depuis longtemps de douleurs « dans le bas-ventre, d'hémorragies et de pertes blanches abon- « dantes, présentait au toucher les signes d'une tumeur probable- « ment ovarienne, unie à un gros utérus. La première laparotomie

« nous fit tomber sur un épiploon polykystique qui fut réséqué. « Puis M. Michaux enleva les deux ovaires qui adhéraient forte- « ment par places. La malade se rétablit heureusement, mais « comme elle continuait à avoir des pertes très abondantes, M. Mi- « chaux lui fit, trois mois après la première opération, une hysté- « rectomie abdominale sus-cervicale avec péritonéisation des sur- « faces. En incisant l'utérus enlevé, nous le trouvâmes fortement « bourré de petits fibromes, lui-même fibromateux ; la muqueuse, « saine par places, était recouverte sur la plus grande partie de « son étendue de masses végétantes rosées, hautes de 10 à 15 mil- « limètres, mollasses, paraissant peu adhérentes, et qui depuis « les deux cornes utérines s'étendaient jusqu'à la cavité cervi- « cale.

« M. Michaux voulut bien nous confier pour l'étude anatomo- « pathologique, l'épiploon, les ovaires et l'utérus, que nous pré- « sentons aujourd'hui à la Société.

« Les ovaires sont de grosseur inégale, l'ovaire droit est gros « comme une tête d'enfant, entouré d'une coque fibreuse, lisse, « assez régulière. A la coupe on tombe sur un tissu assez résis- « tant, blanchâtre et plein, mais ramolli dans 1/3 du cercle de « section et transformé en une masse mucoïde brunâtre. Pas de « traces de végétations. L'ovaire gauche n'a que la grosseur d'un « œuf de poule, mais sa section montre un tissu blanc, résistant, « qui n'est ramolli en aucun point, le tout également encapsulé. « Dans les deux, le tissu ovarien a entièrement disparu.

« L'épiploon pesait environ 200 grammes. Au milieu d'une « trame aréolaire graisseuse, restée en somme normale, on remar- « que une dizaine de gros nodules marronnés, blancs ou grisâtres, « opaques, ne présentant en rien les vives couleurs du dernier « cas. A la coupe, tous sont de même constitués par une coque « fibreuse, remplis d'une matière grise ou blanche, solide, non « ramollie à son centre et par endroits infiltrée de pigment bru- « nâtre d'origine hématique.

« Nous avons fait des coupes du tissu ovarique, et de deux des « masses marronnées épiploïques. Enfin nous avons prélevé deux

« fragments différents dans la masse utérine, comprenant profon-
« dément le tissu fibromateux et superficiellement les masses vé-
« gétantes.

« On peut constater que, malgré la différence d'aspect de ces « masses végétantes et du néoplasme ovarien, il s'agit, en somme, « exactement du même tissu qui est un cysto-épithéliome.

« Les deux coupes que nous présentons à la Société ont été « prises l'une dans l'ovaire gauche, l'autre dans l'ovaire droit. La « première coupe nous montre une coque conjonctive envoyant vers « l'intérieur des trabécules munies de larges vaisseaux sanguins. « Les cavités formées par les trabécules fibreuses sont entièrement « remplies d'un tissu conjonctif à mailles assez lâchement unies. « Ces mailles, sur la coupe, présentent uniformément un aspect ar- « rondi, quelquefois un peu allongé dans un sens. Il apparaît net- « tement qu'il ne s'agit pas de tubes glandulaires, mais de sortes « de petits acini sans canal excréteur, se moulant les uns sur les « autres. Chaque paroi est formée de deux rangées dos à dos de « cellules épithéliales cylindriques, avec un gros noyau irrégulier, « vacuolaire, prenant faiblement l'hématoxyline. On trouve çà et « là de nombreux et gros vaisseaux sanguins et de larges zones dé- « générées, grenues, colorées uniformément par l'éosine, au delà « desquelles on retrouve le réseau cysto-épithélial. Dans la coupe « de l'ovaire droit, même structure, mais les mailles sont plus ser- « rées, les cavités kystiques encore plus petites ; par endroits, le « tissu est complètement détruit et on trouve des blocs pigmen- « taires caractéristiques d'anciennes hémorragies interstitielles.

« Nous avons prélevé un certain nombre de fragments épiploï- « ques. Tous donnent plus ou moins le même aspect avec, par en- « droits, une dégénérescence complète ; en d'autres, au contraire, « comme dans la coupe que nous présentons, une structure tra- « béculaire avec des anneaux épithéliaux très bien conservés. Ici « il n'y a pas de travées fibreuses. Les anneaux épithéliaux sont « réunis par un tissu embryonnaire à peine organisé, semé de très « nombreux noyaux.

« Les cellules épithéliales sont cylindriques, mal limitées, le

« noyau, comme dans les coupes des ovaires, est irrégulier, vacuo-
« laire et prend assez mal l'hématoxyline.

« Enfin les coupes faites en différents points des végétations
« et du fibrome utérin montrent que ces végétations sont consti-
« tuées par un mince tissu épithélial qui repose directement sur le
« muscle sans interposition de muqueuse. Les derniers acini épi-
« théliaux reposent sur un plan rectiligne de tissu conjonctif, le-
« quel pénètre légèrement entre les derniers culs-de-sac en perdant
« presque aussitôt son caractère adulte. Nulle part, nous n'avons
« pu constater sur les différentes inclusions et sur de nombreuses
« préparations, un envahissement, à quelque degré que ce fût, du
« muscle sous-jacent. La tumeur semble évoluer à la surface uté-
« rine entièrement comme si elle lui était étrangère. Il y a bien au
« voisinage, dans le tissu conjonctif, une certaine dilatation des
« vaisseaux, mais ceux-ci sont très rares dans la tumeur épithé-
« liale même et nous pouvons facilement expliquer cette néofor-
« mation par un processus de greffe.

« L'hypothèse d'une localisation première de la tumeur sur la
« muqueuse utérine avec propagation ultérieure aux deux ovaires
« et à l'épiploon ne nous semble pas pouvoir être admise. Un tissu
« assez actif et assez malin pour produire en quelques mois des
« lésions à distance aussi importantes (un des ovaires avait le
« volume d'une tête d'enfant et son centre était entièrement dégé-
« néré) n'aurait pas manqué d'envahir le muscle utérin et d'en
« détruire au moins partiellement le tissu. Or, nous le répétons,
« nulle part nous n'avons pu constater des masses épithéliales dans
« les tissus utérins. Il nous semble beaucoup plus vraisemblable
« d'admettre que lors de l'ablation des tumeurs ovariennes et épi-
« ploïques, après la section des deux trompes, à leur insertion
« utérine, il s'est produit à ce niveau des inoculations épithéliales
« qui, en 3 mois, ont pu proliférer, gagner tout ou partie de la
« muqueuse dans la cavité agrandie par le fibrome. Ainsi s'expli-
« querait facilement l'aspect jeune de ces végétations, le caractère
« entièrement embryonnaire du stroma, l'absence presque totale
« de vaisseaux dans la tumeur, deux caractères qui jurent étran-

« gement en présence des épaisses coques fibreuses et des volumi-
« mineux vaisseaux du néoplasme des deux ovaires.

« Enfin, les cellules épithéliales elles-mêmes plus petites, plus « serrées, se colorant mieux, présentant de nombreuses figures « de karyokynèse, viennent à l'appui de notre conclusion, à savoir « qu'il s'agit dans le cas présent d'un cysto-épithélioma ovarien, « avec greffe secondaire sur la muqueuse utérine. »

Dans ces deux dernières observations l'hystérectomie a été pratiquée en même temps que l'ovariotomie.

Chez la première malade le kyste volumineux est très cloisonné, mais non végétant, le contenu en est gélatineux. L'utérus présente une petite tumeur reliée au kyste par des adhérences. C'est cette tumeur suspecte qui a décidé l'opérateur à hystérectomiser la malade.

Dans la seconde observation la tumeur ovarienne est double, très végétante. L'utérus est gros, de consistance molle. On fait l'hystérectomie.

Dans les deux cas, l'examen microscopique a montré que l'utérus était en dégénérescence épithéliale.

Il est à remarquer que ces deux hystérectomies ont été faites pour des lésions utérines relativement peu apparentes à un examen rapide de l'organe. Mais, dans les deux cas, les tumeurs ovariennes étaient manifestement en pleine vitalité épithéliale et l'opérateur était prévenu de la possibilité de lésions utérines. L'examen postérieur a montré que ces deux interventions étaient justifiées.

Observation XIII (personnelle inedite)

Service de M. le Dr Delaunay, à l'hôpital Péan.

Gros kyste multiloculaire de l'ovaire gauche. Tumeur épithéliale du fond de l'utérus.

Mlle V..., 50 ans, ménagère.

Pas d'antécédents héréditaires. Malade de constitution robuste avec légère tendance à l'obésité. Facies ovarien. Nous dit que les accidents qui la conduisent à l'hôpital sont les seuls qui aient marqué dans son existence.

Réglée vers 15 ans. Célibataire. Elle n'a pas de passé génital. Il y a 2 ans, à 48 ans, pour la première fois elle vit débuter des troubles leucorrhéiques ; le liquide, d'aspect blanc d'œuf, empesait la chemise. Ces pertes blanches ne lui causaient aucun malaise. Il y a un an, insensiblement et sans phénomènes douloureux, elle constata en s'habillant que son ventre augmentait de volume. A cette époque apparaissent des troubles menstruels non douloureux. Les règles, qui duraient habituellement 4 jours, reviennent deux fois par mois. Elle perd ainsi 2 jours au début et 2 jours au milieu de chaque mois. Les troubles leucorrhéiques, datant de 2 ans, persistent sans modifications.

Il y a un mois, la malade a éprouvé des phénomènes douloureux du côté gauche, ces douleurs vagues surviennent plusieurs fois par jour, soit spontanément, soit à l'occasion d'efforts.

Des troubles dyspnéiques se sont installés il y a 8 jours et ont gêné tellement la malade qu'elle accepte l'opération.

Jamais de troubles vésicaux. Pas d'œdème des membres inférieurs. Aucun phénomène de compression. Quelques tiraillements dans la région lombaire avec irradiations aux plis inguinaux et pesanteur au fondement.

C'est une grande constipée. Habituée à vivre ainsi, elle va à la selle tous les 5 ou 6 jours. Jamais de colite muco-membraneuse.

État général bon. Légers troubles dyspeptiques. Dyspnée récente, d'origine mécanique, avec douleur vague à l'épigastre, tels sont les seuls troubles subjectifs qu'elle accuse.

L'examen des autres organes est négatif.

Un peu d'amaigrissement.

Le ventre est très volumineux, $1^{m},40$ de circonférence. Inégalement développé. On observe une voussure gauche très nette. L'ombilic est normal. Une légère circulation collatérale sillonne à droite la région du flanc droit et s'étend jusque sur la région scarpienne droite. Pas de vergetures.

Le palper confirme l'inspection. On trouve une tumeur gauche indépendante de l'utérus, non douloureuse à la palpation, peu mobile.

La percussion dénote une zone de matité franche à l'hypogastre et aux deux flancs. Cette zone dépasse à gauche la ligne médiane d'un grand travers de main, elle remonte en haut à trois travers de doigts de l'appendice xiphoïde, tandis qu'à droite elle dépasse légèrement l'ombilic et la ligne xipho-pubienne. Cette tumeur est de consistance rénitente, pas fluctuante, donne la sensation d'un kyste fortement distendu.

Au toucher, le col reste parfaitement accessible, il est mou, un peu déformé par hypertrophie de sa lèvre antérieure, l'orifice cervical est transversal et fermé, il n'est pas douloureux, mais semble dévié dans son ensemble vers le cul-de-sac latéral gauche. Les mouvements qui lui sont imprimés se transmettent mal à la tumeur.

Dans le cul-de-sac postérieur, on sent une masse qui fuit sous la pression, de consistance dure et perceptible aussi dans le cul-de-sac latéral gauche.

Rien dans les urines.

On fait le diagnostic. Tumeur probablement kystique de l'ovaire gauche.

Opération le 25 juin 1901, faite par M. Delaunay.

Anesthésie au chloroforme.

Laparotomie médiane.

On trouve une masse volumineuse plongeant à gauche et en

avant de l'utérus, de couleur bleutée, avec une vascularisation superficielle très abondante. On ponctionne avec un gros trocart sans retirer une goutte de liquide. Incision de la poche. On retire avec la main une substance gélatineuse (gelée de pomme), très adhérente. Cette substance est parfois rougeâtre (gelée de groseille). Après avoir vidé un certain nombre de cavités kystiques dont le contenu a rempli environ une cuvette, on enlève la poche.

Il n'existait pas d'adhérences.

Ligature du pédicule au fil de soie. Un surjet ferme une portion du ligament large, qui a été ouvert pendant l'ablation.

A droite, on trouve une tumeur du volume d'un poing, de couleur blanc jaunâtre, ovoïde, molle au toucher, conservant l'empreinte du doigt. Ablation et ligature du pédicule à la soie.

L'utérus est gros, violacé et présente en arrière, en haut et à gauche, une tumeur saillante du volume d'une noisette. A ce niveau, l'utérus est adhérent à la tumeur.

Drainage et suture à trois étages.

L'examen macroscopique de l'utérus ayant fait émettre des doutes sur son intégrité, et comme, d'autre part, les fonctions génitales de la femme sont à jamais supprimées par suite de l'ablation des deux ovaires, on pratique l'hystérectomie vaginale. L'opération est faite facilement, sans morcellement, après hémostase.

Les suites de l'opération sont normales. Après 48 heures, on retire les pinces vaginales et la mèche de drainage abdominale. Pas de liquide dans le péritoine. Pas de température. Bon état général.

Au bout de 12 jours, on retire les sutures.

Le 20 juillet, la malade se lève.

Elle quitte l'hôpital le 30 juillet.

Examen macroscopique des pièces.

La tumeur kystique gauche est extérieurement lobulée à aspect général réniforme dont la concavité embrassait le corps de l'utérus. Elle est sillonnée de nombreux vaisseaux qui forment à sa surface un réseau serré. Poids : 4^{kgr},800. L'intérieur est formé d'un grand nombre de loges de grandeur très variable. Le contenu est une masse gélatineuse décrite au cours de l'opération. Aucunes végétations ni externes ni internes.

La tumeur droite est un kyste dermoïde pesant 150 grammes. A la coupe, on trouve une paroi épaisse. Ce kyste contient des cheveux décolorés longs de 15 à 20 centimètres noyés dans de la matière grasse de couleur jaunâtre. On trouve une petite masse crétacée en un point voisin de la périphérie.

L'utérus pèse 110 grammes au lieu de 40 à 50, poids normal chez une nullipare. Sa hauteur est de 9 centimètres, sa largeur à l'orifice des trompes, 7 centimètres.

Cet organe présente sur le fond et un peu au-dessus du point d'implantation de la corne utérine gauche une légère voussure du volume d'une noisette. La consistance en cet endroit est moins ferme, la séreuse y est plus vasculaire et prend une coloration plus foncée. Le kyste était en ce point seulement adhérent à l'utérus.

L'examen microscopique a particulièrement porté sur cette lésion utérine, qui, reconnue au cours de l'intervention, avait amené le chirurgien à compléter l'ovariotomie par l'hystérectomie.

Nous avons tenu à faire reproduire dans ce travail un dessin demi-schématique qui montre le point où la dégénérescence épithéliale a pénétré dans le muscle utérin.

Examen microscopique. (Laboratoire de M. le Dr Besson.)

1° *Ovaire droit.* — Kyste dermoïde.

Kyste composé de plusieurs poches à parois peu épaisses constituées par du tissu conjonctif dense et tapissées à l'intérieur d'une couche épidermique stratifiée, riche en glandes sébacées.

Au centre du kyste, en un point où se réunissent les parois de plusieurs poches, à l'intérieur du nœud ainsi constitué se trouvent deux petites lamelles osseuses, plates, dont la superficie ne dépasse pas quelques millimètres carrés.

Le contenu est une masse caséeuse, semi-solide, blanc jaunâtre ou grisâtre, dans laquelle se trouvent des paquets de cheveux longs de 5 à 15 centimètres.

2° *Ovaire gauche.* — Gros kyste mucoïde multiloculaire. Les différentes poches contiennent un liquide gélatineux.

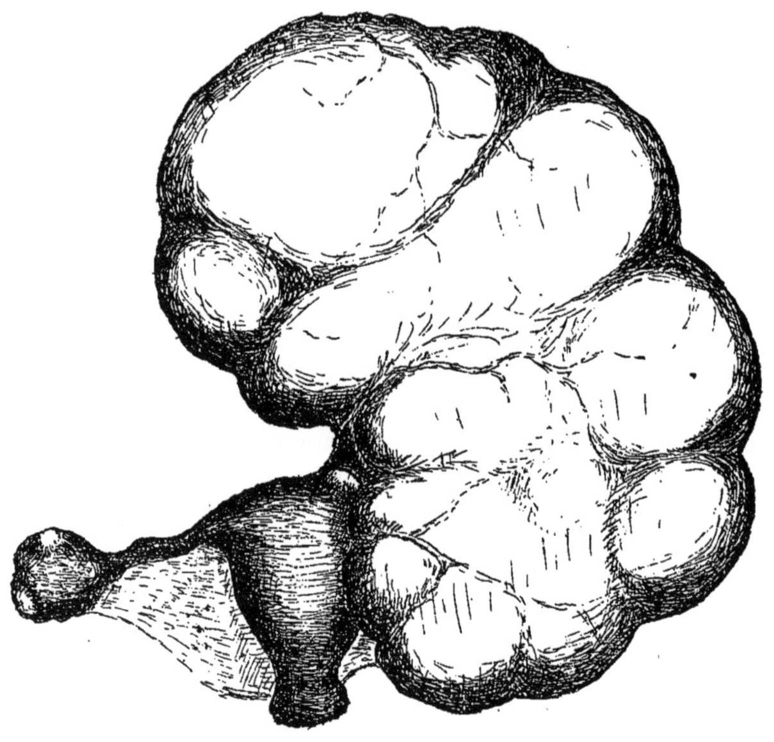

Observation XIII. — Figure demi-schématique montrant le kyste de l'ovaire et le point d'implantation de la tumeur épithéliale sur l'utérus (Vue de face).

L'épaisseur des parois varie pour les différentes poches ; sur les coupes, elles apparaissent constituées par une couche conjonctive dense, assez riche en vaisseaux et dans l'intérieur de laquelle se rencontrent de rares fibres musculaires lisses.

A sa surface interne, la paroi présente des bourgeons papillaires, toujours simples ; elle est recouverte d'un revêtement épithélial d'ordinaire cylindrique avec quelques cellules caliciformes. Sur certaines coupes, l'épithélium est disposé en plusieurs couches, les strates profonds étant constitués par des cellules polyédriques.

En certains points, dans les endroits où les parois présentent le plus d'épaisseur, on constate de petites cavités correspondant à de petits kystes en voie de développement et tapissées d'épithélium cylindrique.

3° *Utérus.* — L'utérus est volumineux.

On trouve à la coupe plusieurs noyaux fibreux ; les parois sont épaisses, d'un blanc rosé avec des petits noyaux d'un blanc éclatant ; la muqueuse est tuméfiée, boursouflée, légèrement pulpeuse. Les coupes montrent que les divers éléments sont profondément altérés.

A la surface, la séreuse est épaissie ; il existe une large bande de tissu conjonctif émettant des prolongements qui pénètrent entre les faisceaux du stratum supravasculaire et du stratum vasculaire. A l'intérieur du tissu conjonctif et entre les faisceaux de la couche musculaire moyenne les vaisseaux présentent un développement remarquable ; ils sont excessivement nombreux ; certains sont encore à l'état embryonnaire, beaucoup ont leurs parois épaissies et présentent des lésions de péri-artérite. Parfois le vaisseau malade s'est rompu, produisant un petit infarctus.

La muqueuse est épaissie, son revêtement épithélial est généralement conservé, sa surface est villeuse. Elle est gorgée de cellules embryonnaires ; les vaisseaux sont dilatés.

Sur certains points, les cellules embryonnaires constituent de véritables bourgeons qui compriment et pénètrent les glandes ; certaines glandes sont totalement envahies et détruites par ce processus inflammatoire.

Les glandes semblent d'une façon générale comprimées par le tissu embryonnaire qui les entoure ; beaucoup d'entre elles présentent un épithélium normal ; chez certaines autres, l'épithélium a proliféré ; il forme plusieurs couches qui ont envahi la presque totalité de la lumière du tube glandulaire ; ces cellules épithéliales affectent la forme pavimenteuse.

En résumé, à côté d'une évolution fibromateuse de l'utérus, on constate des lésions de métrite avec dégénérescence épithéliomateuse commençante.

Observation XIV

Inédite. — Recueillie par notre collègue et ami Paul Rousseau, interne du service de M. Delaunay, à l'hôpital Péan.

Double kyste végétant des ovaires. — Gros utérus en dégénérescence épithéliale.

Mme M..., âgée de 46 ans, couturière.

Antécédents héréditaires. — Rien à signaler. Le père de la malade est mort à 48 ans d'une pneumonie. La mère a 70 ans, elle est bien portante.

Une sœur bien portante.

Antécédents personnels. — La malade a eu la rougeole dans son enfance.

Réglée à 13 ans toujours très régulièrement.

Pas de passé génital. Mariée à 23 ans.

N'a jamais eu d'enfants ; pas de fausses couches.

A toujours eu une excellente santé jusqu'en mars 1900, c'est-à-dire jusqu'à il y a huit mois. A cette époque, sans troubles menstruels, elle a éprouvé des douleurs vagues dans le bas-ventre. Ces douleurs, d'abord intermittentes, deviennent bientôt continues avec irradiations vers la racine des cuisses. Bientôt apparaissent des douleurs lombaires. Pas de pertes blanches.

Elle voit alors un médecin qui la soigne pour de la métrite.

Sous l'influence du repos au lit les douleurs se calment sans toutefois disparaître entièrement.

Les règles restent régulières avec leurs caractères normaux.

Elle reste ainsi jusqu'en août. A ce moment-là les douleurs redeviennent très intenses, de plus la malade éprouve une sensation de pesanteur très pénible pendant la marche. Elle est un peu soulagée par le décubitus dorsal. Pas de constipation, aucun trouble de la miction.

C'est au mois d'août qu'apparaissent les premiers troubles menstruels. Les règles manquent complètement pendant ce mois. Pendant le mois de septembre elle a, au contraire, deux pertes à dix jours d'intervalle. L'écoulement sanguin est les deux fois aussi abondant que dans une des périodes ordinaires de la malade. Les symptômes douloureux restent stationnaires.

Depuis le mois de septembre les mictions sont plus fréquentes.

Son médecin trouve alors une tumeur et lui conseille de voir un chirurgien.

La malade entre le 17 octobre à l'hôpital Péan dans le service de M. Delaunay.

Pas d'amaigrissement, bon état général. Rien aux poumons ; rien au cœur. Ni sucre, ni albumine dans les urines.

A l'inspection le ventre ne paraît pas augmenté de volume.

A la palpation on sent une masse peu consistante qui remonte à trois travers de doigts au-dessus du pubis. Cette masse irrégulière est évaluée au volume d'une grosse orange. A droite il est facile de la suivre, à gauche, au contraire, on la perd à trois ou quatre centimètres de la ligne médiane. La palpation est un peu douloureuse.

Au toucher, le col est gros mais nullement remonté, il est un peu ramolli. L'utérus est sensiblement augmenté de volume et paraît un peu incliné du côté gauche.

Dans le cul-de-sac latéral droit on sent une masse molle, peu mobile, qui ne semble pas faire corps avec l'utérus. Cette masse se continue dans le cul-de-sac postérieur et empiète sur le cul-de-sac gauche qui est toutefois moins déprimé.

On fait le diagnostic de tumeur de l'ovaire droit prolabée dans le Douglas.

Opération le 24 octobre. M. Delaunay en présence de M. le Dr Montprofit (d'Angers).

Anesthésie au chloroforme.

Laparotomie médiane.

A l'ouverture du péritoine, on ne trouve pas de liquide, mais on tombe immédiatement sur une double tumeur végétante des ovaires dont la masse remplit et déborde tout le cul-de-sac postérieur.

On enlève après hémostase la tumeur gauche, qui n'est pas adhérente, puis la tumeur droite, qui est de beaucoup la plus volumineuse.

L'utérus est augmenté de volume, il est très congestionné, sa consistance est uniformément molle dans toute la région du fond.

Les deux ovaires sont enlevés, l'utérus paraît dégénéré, on pratique l'hystérectomie.

On fait une hystérectomie abdominale totale par le procédé américain sans incidents.

Surjet au catgut sur les ligaments larges.

Drainage abdominal intrapéritonéal.

Drainage vaginal sous-péritonéal.

Suture à trois étages de la paroi.

Les suites opératoires sont excellentes.

Quelques vomissements dans la soirée du 24. Température 37°,7, pouls à 88.

Le 25, température 37°,8, pouls à 100.

Le 26, température 37°,6, pouls à 90.

Le 27, on donne un lavement qui amène une selle abondante.

Le même jour, on retire la mèche abdominale, pas de liquide.

Le 29, on retire la mèche vaginale. Température 37°,5, pouls à 80.

La malade se lève trois semaines après son opération. Elle quitte l'hôpital le 28 novembre.

Examen des pièces.

La tumeur ovarienne droite pèse 800 grammes, elle est de consistance molle, elle est constituée par une masse centrale qu'à la coupe on trouve constituée par de nombreuses cavités kystiques pouvant contenir un pois ou, les plus volumineuses, une noix. La surface externe est entièrement tapissée par des végétations accolées pour la plupart en touffes et longues de 3 ou 4 centimètres.

Les cavités kystiques contiennent les unes un liquide jaune citrin, les autres un liquide sirupeux, jaunâtre ou rosé.

La tumeur gauche pèse 450 grammes, elle est en petit l'exacte reproduction de la tumeur droite.

L'utérus pèse 120 grammes, il ne porte aucune trace d'adhérences. Tout le corps est mou, friable, mais à la coupe on ne trouve aucune tumeur. La cavité externe est simplement agrandie dans tous les sens ; la muqueuse est normale. Sur le fond de la cavité utérine on trouve un petit bourgeon de la grosseur d'un pois qui est friable.

Examen histologique.

Différentes coupes ont été faites au niveau du col et au niveau du corps. Inclusion dans la paraffine.

Au niveau du col on ne trouve rien d'anormal.

Au niveau du corps de l'utérus les lésions sont nombreuses.

La séreuse est très épaissie, on trouve de volumineuses colonnes de tissu conjonctif qui pénètrent entre les fibres musculaires les plus voisines de la périphérie. Les vaisseaux sont très nombreux et très volumineux.

Les tubes glandulaires sont bourrés de cellules épithéliales, ils sont très dilatés et s'anastomosent largement entre eux. En certains points de la coupe il est même impossible de reconnaître les limites d'un tube. Les cellules sont pour la plupart polyédriques, par suite de leur superposition. Dans le tissu conjonctif on trouve des îlots nombreux de cellules épithéliales serrées les unes contre les autres.

L'utérus est manifestement en dégénérescence épithéliale déjà avancée.

CHAPITRE VII

DE L'INTERVENTION DANS LES KYSTES MUCOIDES DE L'OVAIRE RECONNUS MALINS

Dans le chapitre Traitement des kystes mucoïdes de l'ovaire les auteurs classiques recommandent tous, une fois la tumeur enlevée, d'explorer attentivement l'autre ovaire et de pratiquer la toilette péritonéale. Dans son Traité de gynécologie, le Pr Pozzi ajoute : « On doit examiner avec soin l'utérus et si l'on y trouve des noyaux fibreux en faire l'énucléation quand il s'agit d'une femme jeune et quand l'opération paraît simple à cause du siège des tumeurs ; s'il s'agit d'une femme voisine de la ménopause ou que la myotomie doive offrir des difficultés, la castration par ablation du second ovaire est préférable. » C'est là aussi la pratique recommandée par Lawson Tait et par Hegar. Schrœder et Second disent que dans ce cas il faut toujours pratiquer l'hystérectomie abdominale totale par le procédé américain. Le Pr Pozzi réserve cette pratique pour les cas où le kyste est très adhérent à l'utérus(1) (Pozzi, Traité de gynécologie, p. 788).

Mais nous ne trouvons aucune indication en ce qui

concerne l'examen de l'utérus au point de vue de son envahissement par le néoplasme. Il est bien certain que si l'organe est en complète dégénérescence, si le cancer est déjà avancé et si l'hystérectomie est encore possible, l'intervention plus complète s'impose. Mais ce sont là des cas exceptionnels, nous a-t-il semblé ; chez les trois malades dont nous rapportons les observations nous avons déjà dit qu'il fallait rechercher les lésions pour ne pas les méconnaître. C'est d'ailleurs dans ces cas que l'on peut espérer une guérison définitive ou au moins une plus longue survie.

Nous avons montré dans ce travail que l'utérus était, contrairement à ce qui a été écrit, le siège très fréquent de récidives ou de noyaux secondaires dans les cas d'épithéliomas kystiques de l'ovaire. Par le seul fait de l'évolution maligne d'un kyste mucoïde, l'utérus doit être considéré comme dangereux dans un temps plus ou moins long. Il est ou dégénéré ou en puissance d'épithélioma et c'est donc à tort que la seule ovariotomie puisse dans ces cas, être considérée comme l'intervention qui doit donner une guérison définitive.

L'hystérectomie s'impose donc, sous certaines réserves d'ailleurs, chaque fois qu'au cours d'une ovariotomie le kyste est reconnu malin.

Nous avons trouvé cette idée de l'ablation de l'utérus à la suite de l'évolution maligne d'une tumeur ovarienne, émise par Fritsch dans son Traité des maladies des femmes (H. Fritsch : Die Krankeiten den Frauen. Leipzig, 1900, p. 454). Voici comment s'exprime l'auteur allemand : « Dans le cas de tumeurs doubles de l'ovaire et dans les tumeurs qui sont reconnues malignes ou qu'on soupçonne de l'être, on ne doit point, comme on faisait autrefois, se contenter de couper dans le pédicule.

« Le fond de l'utérus devra toujours être enlevé en même temps. Cela n'est nullement difficile, au contraire; l'hémostase est très sûre lorsqu'après avoir lié des deux côtés on se dirige vers le col.

« Existe-t-il deux tumeurs, conserver le corps n'a plus de raison, et s'agit-il d'une tumeur maligne la récidive est sûre si l'on n'enlève pas le corps de l'utérus. C'est pourquoi je considère comme une conséquence naturelle l'extirpation en principe du fond de l'utérus dans les tumeurs doubles et dans les tumeurs malignes. Après la ligature et la section des deux ligaments larges on pratique une section conoïde commençant en avant immédiatement au-dessus de la vessie et passant en arrière à la même hauteur. La coupe de l'utérus ne saigne point. On devra la réunir en forme de couronnes comme après la myomectomie. »

Comme on le voit, Fritsch, s'il ne fait qu'une amputation partielle de l'utérus, ne s'attarde pas, pour justifier son intervention, à rechercher les lésions utérines. Il pose en principe que dans toutes les tumeurs ovariennes doubles comme dans toutes les tumeurs malignes de l'ovaire il faut enlever le fond de l'utérus. L'auteur allemand est aussi très affirmatif en ce qui concerne l'envahissement précoce de l'utérus par le néoplasme; pour lui, laisser cet organe c'est s'exposer à une *récidive sûre*.

Mais nous rapportons des observations dans lesquelles

le siège de la récidive a été non pas le fond de l'utérus mais le col. L'ablation partielle de l'utérus proposée par Fritsch, opération d'ailleurs peu pratiquée en France, nous semble donc ne pas être encore la méthode de choix. C'est l'hystérectomie totale avec ablation des annexes qui doit lui être préférée.

C'est là l'idée émise par M. Delaunay au Congrès de chirurgie de Paris 1901 dans sa communication sur « la nécessité de l'ablation totale de l'utérus et des annexes dans le cas de tumeur maligne de l'ovaire ».

Mais nous avons déjà dit qu'il y avait des réserves à faire dans cette pratique et nos conclusions à ce sujet seront celles de M. Delaunay.

Chaque fois que l'on se trouvera en présence d'un kyste mucoïde de l'ovaire reconnu malin soit avant l'intervention soit au cours de l'opération, il faudra pratiquer en principe la castration utéro-annexielle.

La tumeur maligne peut se développer chez une femme jeune en pleine activité sexuelle et il faut compter dans ce cas avec la possibilité d'une grossesse future si un seul ovaire a été atteint. La règle de conduite nous semble ici très délicate à préciser.

Cependant, nous estimons que, dans l'intérêt de la reproduction de l'espèce, et malgré les dangers futurs qu'une intervention conservatrice peut laisser courir à la femme il faut s'en tenir à une simple ablation de la tumeur ovarienne.

L'ovariotomie sera pratiquée le plus rapidement possible; d'une façon d'autant plus hâtive que l'opération sera moins complète.

L'utérus sera laissé, mais avec toutes les réserves de pronostic que comporte la nature de la tumeur ovarienne. De plus il ne faudra pas perdre de vue que la malade est menacée par un néoplasme utérin et que l'organe qui lui a été laissé nécessite la plus attentive surveillance. Ce ne sera donc pas une guérison définitive qu'il faudra proclamer, mais au contraire, il faudra exiger de cette femme qu'elle se soumette à de fréquents examens.

Dans le cas de récidive utérine, ainsi diagnostiquée d'une façon précoce, l'hystérectomie pourra peut-être encore être pratiquée en temps utile.

Chez les femmes qui ont passé la ménopause, et ce sont-elles, croyons-nous, qui offrent le plus grand nombre de kystes à évolution maligne, il n'y a plus de raisons de conserver un organe inutile et dangereux. Après la ménopause l'ovariotomie pour kystes malins devra donc être accompagnée de l'hystérectomie abdominale totale chaque fois que l'opérateur ne se trouve pas en présence de généralisations manifestement inopérables.

Seul le mauvais état général de l'opérée sera une contre-indication. Si la cachexie est très avancée, si l'augmentation de traumatisme opératoire semble devoir compromettre l'existence de la malade il faut s'en tenir à l'ovariotomie.

On a objecté à cette manière de faire la plus grande gravité de l'intervention.

Il est incontestable que l'hystérectomie augmentant la durée de l'opération, le traumatisme chirurgical et les chances d'infection, l'ovariotomie seule fait courir en principe moins de risques à la malade.

Toutefois il est à remarquer que l'ovariotomie est le plus souvent une opération rapide et une hystérectomie peut lui succéder sans exagérer la durée de l'intervention. Quant au traumatisme il est réduit à son minimum car le plus souvent on a affaire à un utérus libre ou peu adhérent et de faible volume. Reste la question d'infection qui est affaire de précautions aseptiques. A ce sujet nous tenons à signaler un fait qui nous a frappé : c'est la rareté de l'infection à la suite des volumineuses tumeurs abdominales comme les gros kystes de l'ovaire. Il semble que le péritoine a acquis dans ces cas une résistance particulière, nous nous proposons d'ailleurs de compléter plus tard nos recherches sur ce sujet.

En réponse, enfin, à l'objection de la plus grande gravité de l'intervention nous répondrons par des faits. Chez les deux malades qui ont été hystérectomisées et ovariotomisées au cours de la même intervention, les suites opératoires ont été excellentes. La guérison n'a pas été plus longue que dans les cas d'ovariotomie simple. L'une quitte l'hôpital 35 jours après son opération et l'autre après 32 jours.

Nous avons vu que Schrœder et Segond n'hésitent pas à faire l'hystérectomie, lorsqu'au cours d'une ovariotomie ils trouvent un fibrome jusque-là méconnu, pourquoi refuser les bénéfices de cette pratique aux femmes qui sont menacées par une affection bien autrement redoutable ?

En présence donc de la grande fréquence du cancer utérin accompagnant ou succédant à un kyste mucoïde de l'ovaire à évolution maligne, il est rationnel de pratiquer la castration utéro-annexielle toutes les fois que le néoplasme peut être enlevé dans sa totalité et lorsque l'utérus devenu inutile ne peut être que dangereux.

CONCLUSIONS

1° Les kystes mucoïdes de l'ovaire sont des tumeurs d'origine épithéliale susceptibles de devenir malignes ;

2° Les kystes multiloculaires, très cloisonnés, végétants ou à contenu gélatineux, à développement rapide s'accompagnant d'ascite, sont des tumeurs en pleine prolifération épithéliale et doivent être considérés comme des tumeurs malignes ;

3° Dans les cas de kystes mucoïdes de l'ovaire à évolution maligne, l'utérus est très souvent le premier organe atteint par la dégénérescence secondaire. Après l'ovariotomie cet organe devient le point de départ de nouvelles greffes néoplasiques ;

4° Dans les interventions pour kystes mucoïdes de l'ovaire à évolution maligne reconnue avant ou pendant l'opération, l'ovariotomie ne doit pas être pratiquée seule. La castration utéro-annexielle doit être pratiquée, si l'état général de la malade le permet, chaque fois que l'utérus ayant cessé d'être un organe utile ne peut plus être que dangereux.

INDEX BIBLIOGRAPHIQUE

Atlee (W.-L.). – *Amer. Journ. of med. Sciences,* 1855, t. XXIX, p. 387.

Bauchet. — *Bull. Soc. anat.,* 1853.

Debray. — De la fréquence de l'évolution maligne des kystes de l'ovaire. *Thèse,* Paris, 1901.

Delaunay. — Communic. au *Congrès de chir.* Paris, 1901.

Delpech. — *Clinique chirurg. de Montpellier,* t. II, 1828.

Dowell (Mac). — Eclectic. Repository and analyt. *Review.* Philadelphie, avril 1877.

Dubreuil. — Considérations sur l'anat. path. de l'ovaire. *Journ. hebd.,* 1833, t. II, n° 22.

Duplay et Reclus. — Traité de chirurgie.

Duret. — *Journal des Soc. méd. de Lille,* 1887, p. 217.

Fritsch (H.).— Die Krankeiten den Frauen. Leipzig, 1900, p. 454.

Fox (W.). – *Medic. chir. Transactions.* London, 1864.

Graaf (de). — De mulierum organis generationi inservientibus. Leyden, 1672.

Hadjes. — Contrib. à l'étude des généralisat. des épithél. mucoïdes kyst. de l'ovaire. *Thèse,* Paris, 1889.

Heitz et Bender. — *Bulletin de la Soc. anat.,* novembre 1900.

Hénocque. — *Bulletin de la Soc. anat.,* 1865, p. 25.

Klebs. — *Virchow's Arch.,* 1866 et 1867.

Knowsley Thornton. — *Royal med. Soc. of London,* 1881.

KOEBERLÉ. — Art. ovaire (path.). *Dict. de méd. et de chir. prat.*
— *Gazette hebd.*, 13 juillet 1866, p. 436.

LANDOUZY et GALIPPE. — *Journal des connaissances méd.*, 1887, p. 57.

LAWSON TAIT. — Traité des maladies des ovaires. Éd. française, p. 178.

LEBERT. — Traité d'anatomie pathologique.

LE DENTU et DELBET. — Traité de chirurgie clinique et opératoire.

LIZARS. — Observ. on the extraction of diseased ovaria. Edimbourg, 1825.

MALASSEZ et DE SINÉTY. — *Société anat.*, 1874 ; *Société biolog.*, 1876 ; *Gazette méd.*, 1876 ; *Arch. physiol.*, 1878, 1879, 1881.

PANAS. — *Bulletin de la Société de chir.*, 1874, p. 324.

PÉAN. — *Union méd.*, 1868, nos 125 et 145.

PEASLEE. — On ovarian tumours, 1873.

POIRIER. — Traité d'anatomie humaine, 1901.

POUPINEL. — De la général. des kystes et tum. épith. de l'ovaire. *Thèse*, Paris, 1886.

POZZI. — Traité de gynécologie, 1892.

— et BAUSSENAT. — *Revue de gynéc. et de chir. abdom.*, 1897, n° 2.

QUÉNU. — Anat. path. des kystes non dermoïdes de l'ovaire. *Thèse*, Paris, 1881.

RINDFLEISCH. — Anatomie pathologique.

RODENSTEIN. — *American Journal of obstetrics*, 1879.

SMITH (Alban). — *North. Amer. med. sing. Journ.*, janv. 1826, t. I, p. 30.

SMITH (Natan). — *Amer. med. Record*, juin 1822, t. V, p. 124.

SPENCER WELLS. — *British med. Journal*, 1869.

VIRCHOW. — Die Krankhaften Geschwalste. Berlin, 1857.

WALDEYER. — *Arch. de gynéc.* Berlin, 1er novembre 1870.

CHARTRES. — IMPRIMERIE DURAND, RUE FULBERT.